Anja Stettner

Materialien und Kopiervorlagen
zur Klassenlektüre

Martin Lenz · Manfred Mai

Linus, der Pechvogel

Hase und Igel®

Inhalt

www.hase-und-igel.de
Lektorat: Anna Schultes
Illustrationen: Isabelle Metzen
Satz: Appel Grafik München GmbH

ISBN 978-3-86316-184-2

Das Buch

Jedes Kind hatte schon einmal Pech und jedes Kind hatte schon einmal Glück in seinem Leben. Dieses Gegensatzpaar aus dem Erfahrungsschatz Ihrer Schüler zieht sich als roter Faden durch die Lektüre „Linus, der Pechvogel“ des Autorenduos Martin Lenz und Manfred Mai. Aber auch andere Themen, die in der Geschichte eine Rolle spielen, sind von hoher Relevanz für Jungen und Mädchen im Grundschulalter: Freundschaft, Mut zeigen, das erste Mal verliebt sein, Freizeitgestaltung, Mediennutzung und die Rollen innerhalb einer Familie.

Linus ist ein Pechvogel – zumindest hört er das ziemlich oft. Gut, dass er Yusuf hat. Denn der findet seinen Freund völlig in Ordnung. Und tatsächlich hat Linus auch immer wieder Glück: Er schießt beim Fußball ein tolles Tor, zeigt sich beim Videospiel gegen Yusuf als „Held der Meere“ und entdeckt beim Tauchen nach Münzen einen goldenen Ring. Das größte Glück für Linus ist aber, dass Mila, ein Mädchen aus seiner Klasse, ihn anscheinend genauso mag wie er sie. Und als er sich schließlich traut, im Zirkus vor Publikum aufzutreten, und für seinen Mut belohnt wird, stellt Linus fest: Eigentlich bin ich doch ein Glückskind!

Die Autoren erzählen die lebensnahe Geschichte von Linus in kindgerechter Sprache. Sie lassen die jungen Leser an seinen Gesprächen, Gefühlen und Gedanken teilhaben, wodurch sich die Schüler gut in Linus hineinversetzen können. Mit Mila gibt es außerdem eine selbstbewusste weibliche Identifikationsfigur.

Mit seiner leicht verständlichen Sprache und viel wörtlicher Rede, dem überschaubaren Umfang sowie den humorvollen Illustrationen von Isabelle Metzen eignet sich das Buch für den Einsatz in der dritten und vierten Klasse. Als Titel der Reihe LEVEL 1, 2, 3 liegt es in drei Lesestufen vor: Level 3 enthält den ungekürzten Text in Serifenschrift und entspricht den normalen Anforderungen einer Lektüre für diese Altersstufe. Level 2 bietet eine gekürzte Fassung der Geschichte in Fibelschrift, Level 1 ist zusätzlich mit Silbenhilfe gesetzt. So werden insbesondere unbekannte Wörter auf Anhieb in der korrekten Silbierung gelesen und der Sinn des Textes erschließt sich einfacher und schneller. Da bei der Kürzung darauf geachtet wurde, dass der Inhalt jeder Buchseite weitgehend erhalten bleibt, können die drei Fassungen parallel innerhalb einer Lerngruppe eingesetzt werden. Sie eignen sich somit hervorragend zur Differenzierung.

Das Material

Das vorliegende Unterrichtsmaterial orientiert sich an der Kapitelstruktur der Lektüre und bietet passgenaue Arbeitsaufträge für alle drei Lesestufen. Nach Gesprächs- und Schreibanlässen, die zur Reflexion über das Gelesene anregen, sowie Hinweisen und Lösungen zu den Kopiervorlagen (Seite 4 bis 12) folgen zwei bis drei Kopiervorlagen zu jedem Kapitel. Zu Beginn finden Sie immer ein Arbeitsblatt, das dieselbe Überschrift wie das jeweilige Kapitel trägt und für die Sicherung des Textverständnisses sorgt. Weil hier eng am Lektüretext gearbeitet wird, stehen diese Blätter in differenzierter Form zur Verfügung: Jeweils ein Blatt wird von Schülern gelöst, die Level 1 oder 2 des Buches gelesen haben, eine Variante von denen, die Level 3 gelesen haben.

Darüber hinaus gibt es Kopiervorlagen, die vor oder nach der Lektüre eingesetzt werden können bzw. den Leseprozess begleiten: Die Kinder gestalten ein Leseportfolio, fertigen Steckbriefe der beiden Autoren an und basteln ein Faltbüchlein mit Fragen zum Buch. Abgerundet wird das Material mit einem Lesespiel und dem Lied „Pechvogel oder Glückskind?“.

Zahlreiche Arbeitsblätter fördern die Eigenaktivität Ihrer Schüler: Sie führen ein Interview, erstellen eine Kartei mit Bewegungsspielen und übernehmen eine Rolle in einem Sprechstück. Außerdem backen sie Glückskekse und basteln ein Quadrama.

Die abwechslungsreichen Kopiervorlagen sind so gestaltet, dass sie sowohl im gebundenen Unterricht als auch in freien Unterrichtsformen verwendet werden können.

Viel Freude und neue Erkenntnisse mit den Missgeschicken und vor allem den Glücksmomenten von Linus wünscht Ihnen und Ihrer Klasse

Anja Stettner

Vor der Lektüre

Hängen Sie Wortkarten mit den Begriffen „Pechvogel" und „Glückskind" an zwei gegenüberliegenden Seiten im Klassenzimmer auf. Klären Sie zunächst die Bedeutung. Dann ordnen sich die Schüler ihrem persönlichen Empfinden nach auf der einen oder anderen Seite ein. Sicher wird es auch Kinder geben, die sich in der Mitte positionieren. Die Übung bietet Anlass zur Diskussion: Liegt es an der Person und ihrem Charakter, ob sie Glück oder Pech hat? Ist es abhängig von Situationen, die sie zufällig erlebt? Oder spielen noch andere Faktoren eine Rolle?

Hinweise zu den Kopiervorlagen

Mein Leseportfolio
In einer Portfolio-Mappe (z. B. einem Schnellhefter) sammeln Ihre Schüler alle Aufgaben, die sie im Zusammenhang mit der Lektüre bearbeitet haben. Das können die Arbeitsblätter zu den einzelnen Kapiteln sein, aber auch die allgemeiner gehaltenen Leseportfolio-Aufgaben (siehe Seite 14/15). Jede erledigte Aufgabe wird im Inhaltsverzeichnis notiert. Zudem bewerten die Schüler, ob sie leicht, mittelschwer oder schwer zu lösen war. Bei der Auswahl können Sie zwischen Pflicht- und Wahlaufgaben unterscheiden und so verschiedene Leistungsniveaus berücksichtigen. Abschließend gestalten die Kinder ein Deckblatt, das sie zeichnen, malen oder als Collage anlegen. Sind die Portfolios fertiggestellt, werden sie im Klassenverband präsentiert.

Die Rückmeldung zu den Leseportfolios kann entweder durch Sie erfolgen, z. B. anhand eines Bewertungsrasters. Oder aber die Schüler beurteilen sich gegenseitig mithilfe von Handzeichen, Smileys oder einem kurzen Satz (z. B. „Mir hat gut gefallen, dass …"/„Mein Tipp: …"). Dabei können mehrere Bereiche einbezogen werden, z. B. Gestaltung des Deckblatts, Kreativität und Vollständigkeit.

Leseportfolio – Aufgaben
Die Aufgaben können im Rahmen eines Leseportfolios, aber auch während der Wochenplanarbeit, an einer Lerntheke oder als Hausaufgabe bearbeitet werden. Entweder wählen die Kinder frei aus, welche sie erledigen, oder Sie geben Pflicht- und Wahlaufgaben vor. Die Übungen zielen vor allem auf Lesestrategien während und nach der Lektüre ab. Es handelt sich größtenteils um kreative Aufgaben bzw. solche, die eine individuelle Lösung zulassen. Dabei wird jedoch immer auch das Textverständnis einbezogen bzw. vorausgesetzt. Die leeren Karten können Sie für weitere Aufträge nutzen.

Ein Buch – zwei Autoren
Als vorbereitende Hausaufgabe bringen Ihre Schüler entweder eines der zahlreichen Bücher der Autoren mit und/oder sammeln frei Informationen über die Schriftsteller. Die Materialien werden im Plenum vorgestellt. Im Anschluss daran recherchieren die Kinder zu den Steckbriefen auf dem Arbeitsblatt.

Lösung
Aufgabe 1:
Name: Martin Lenz
geboren: 1971 in Winnenden
Berufe: Musiker, Autor
Werke: z. B. Iglu, Schnee und Rodelspaß – Wintergeschichten; Ben bei den Indianern

Name: Manfred Mai
geboren: 1949 in Winterlingen
Berufe: Lehrer, Autor
Werke: z. B. Tobi sagt, was Sache ist; Tobi weiß, was sich gehört; Anna traut sich was; Die Abenteuer des Odysseus; Muhammad Ali

Aufgabe 2:
z. B. Lotti muss bleiben!; Die geheimnisvolle Schatzkarte; Fußballgeschichten

Weiterführende Anregungen
Die beiden Autoren veranstalten gemeinsam musikalische Lesungen. Lassen Sie Ihre Schüler vermuten, worum es sich dabei handelt und wie eine solche Lesung bei der vorliegenden Lektüre aussehen könnte. Beispiele für musikalische Lesungen finden Sie auf der jeweiligen Homepage der beiden Autoren (*https://martinlenz.com* und *https://manfred-mai.de*). Dort gibt es auch die Möglichkeit, mit den Autoren in Kontakt zu treten, um sie für eine Lesung einzuladen, Gedanken zum Buch zu äußern oder Fragen zu stellen.

Zur Einstimmung auf die Lektüre können Sie jetzt schon das Lied singen, das Martin Lenz und Manfred Mai dazu komponiert haben (siehe Kopiervorlage „Pechvogel oder Glückskind?", Seite 48).

KV Seite 17

Leseprofi-Fragen

Diese Kopiervorlage ist so konzipiert, dass Sie sie nicht nur für diese Lektüre, sondern auch für andere Lesetexte verwenden können. Vor dem Formulieren der Fragen und Antworten wird das Büchlein gefaltet.

1. Das Blatt einmal an der schmalen Seite und zweimal hintereinander an der langen Seite jeweils in der Mitte falten und wieder aufklappen, sodass die hier eingezeichneten Faltlinien zu sehen sind:

2. Dann das Blatt einmal an der langen Seite zusammenlegen und mit der Schere vom Falz bis zur Querfaltlinie einschneiden. Das Blatt wieder öffnen.

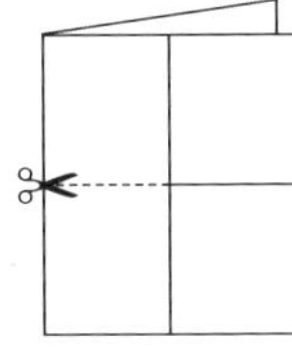

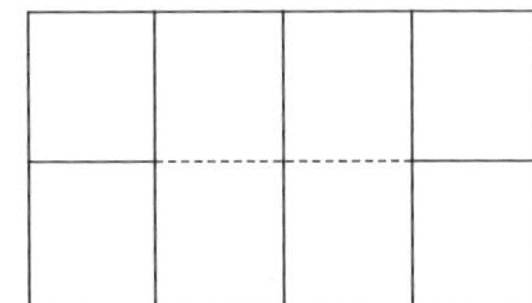

3. Das Blatt an der schmalen Seite in der Mitte falten und von außen mit beiden Händen zur Mitte zusammenschieben, sodass sich in der Mitte der Schnitt öffnet und das Papier vorn und hinten nach außen klappt.

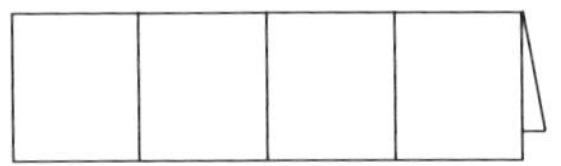

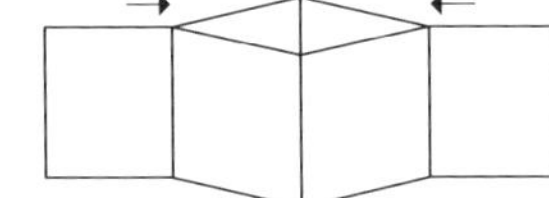

4. Die vier Buchseiten so aufeinanderlegen, dass die Seite mit dem Titel oben liegt. Die restlichen Seiten folgen den Seitenzahlen entsprechend.

Die Leseprofi-Fragen der Schüler können sich auf einzelne Kapitel oder auch die gesamte Lektüre beziehen. Das notieren sie auf Seite 2 des Faltbüchleins. Bei den Antworten ist es hilfreich, die entsprechende Seitenzahl dazuzuschreiben.

Mithilfe der Minibücher stellen sich die Kinder gegenseitig Fragen zum Textverständnis – entweder in Partnerarbeit oder im Rahmen von Freiarbeit. Die Antworten ermöglichen es ihnen, sich direkt selbst zu kontrollieren. Für leistungsschwächere Schüler können Sie einige Fragen vorformulieren, sodass nur die Antworten notiert werden müssen. Oder die Kinder finden passende Fragen zu vorgegebenen Antworten.

1. Kapitel: Hilfe!

Gesprächs- und Schreibanlässe

Linus sitzt an seinem Schreibtisch. Die Mathehausaufgabe bereitet ihm Kopfzerbrechen.

- Wo machst du deine Hausaufgaben? Zu Hause oder in einer Nachmittagsbetreuung?
- Wer hilft dir bei Schwierigkeiten oder Fragen zu den Hausaufgaben?

Die Geschwister von Linus heißen Lena und Liam.

- In welchem Alter könnten die Kinder in Linus' Familie sein? Wie sieht das in deiner Familie aus?
- Beginnen die Namen von dir und deinen Geschwistern auch alle mit demselben Anfangsbuchstaben?
- Es gibt noch viele weitere Möglichkeiten, wie eine Familie zusammengesetzt sein kann. Welche fallen dir ein?

Linus spielt Lena einen Streich, aber der geht schief.

- Hast du dir auch schon einmal einen Streich ausgedacht? Hat er geklappt? Erzähle.
- Streiche machen Spaß. Manchmal können sie jedoch verletzend sein oder sogar gefährlich werden. Nenne ein Beispiel.

Hinweise zu den Kopiervorlagen

KV Seite 18/19

Hilfe!

Hier steht die Lesegenauigkeit im Vordergrund. Die Schüler, die Level 3 gelesen haben, finden auf ihrem Arbeitsblatt verschiedene Aussagen, die alle von Linus' Schwester stammen könnten. Sie wählen diejenigen aus, die tatsächlich im Buch stehen. Auf dem Blatt für Level 1 und 2 sind nur richtige Sätze, allerdings muss jeweils ein Wort ergänzt werden. Nachdem sich die Kinder zunächst damit befasst haben, wie Lena ihren Bruder aufzieht, führen sie sich mithilfe von Aufgabe 2 vor Augen, dass Lena auch nett zu Linus ist. Thematisieren Sie abschließend, welche Rolle die Eltern dabei spielen.

Lösung Seite 18 (Level 1 und 2)

Aufgabe 1:

„Hast du in die Hose gemacht?"
„Brich dir beim Abputzen keinen Finger!"
„Na, hast du deine Hände nach dem Kackamachen auch schön gewaschen?"

Aufgabe 2:
Lena bringt Linus eine Rolle Klopapier.
Nach dem Essen hilft Lena ihrem Bruder bei der Mathehausaufgabe.

Lösung Seite 19 (Level 3)
Aufgabe 1:
„Hast du etwa in die Hose gemacht?"
„Brich dir beim Abputzen keinen Finger!"
„Na, hast du deine Hände nach dem Kackamachen auch schön gewaschen?"

Aufgabe 2:
siehe Lösung zu Level 1 und 2

Geschwister – Freud oder Leid?
Je nach Vorerfahrungen der Kinder kann Aufgabe 1 direkt auf dem Arbeitsblatt gelöst oder das Säulendiagramm Schritt für Schritt erstellt werden. Hierfür bietet es sich an, das Diagramm z. B. mithilfe von Post-its an der Tafel aufzubauen, die Begriffe (Achsen, Säulen, Diagramm) zu klären und dann erst auf das Blatt zu übertragen. Stellen Sie anschließend Fragen, damit die Schüler üben, die Antworten abzulesen, z. B.: Wie viele Kinder haben keine Geschwister? Gibt es mehr Einzelkinder oder Kinder mit zwei Geschwistern in der Klasse?

Die Aufgaben 2 und 3 beziehen die emotionale Komponente des Verhältnisses unter Geschwistern mit ein. Zum Abschluss können alle ihre Erfahrungen und Wünsche in ein Unterrichtsgespräch einbringen.

2. Kapitel: Immer nur Pech?

Gesprächs- und Schreibanlässe

Linus und Yusuf fahren mit dem Fahrrad in die Schule.
- Mit welchem Verkehrsmittel kommst du zur Schule?
- Könntest du den platten Reifen am Fahrrad reparieren? Von wem hast du das gelernt?

Ben verspottet Linus und ärgert ihn.
- Hast du so eine Situation auch schon einmal erlebt? Erzähle.
- Wie hättest du an Linus' Stelle reagiert?

Linus soll die Mathehausaufgabe an der Tafel vorrechnen.
- Gefällt es dir, vor der Klasse etwas vorzutragen? Warum oder warum nicht?
- Gab es in der Schule schon einmal eine Situation, die dir unangenehm war? Erzähle einem Partner davon.

Hinweise zu den Kopiervorlagen

Immer nur Pech?
Auf diesem Arbeitsblatt ist das 2. Kapitel in sechs Abschnitte zusammengefasst. Die Schüler ordnen sie in der richtigen Reihenfolge. Bei der leichteren Variante für Level 1 und 2 sind die Sätze kürzer und die Satzstruktur ist vereinfacht. Der Lösungssatz ermöglicht die Selbstkontrolle.

Im Plenum diskutieren die Kinder abschließend mögliche Ursachen für Bens Verhalten. Ein Grund könnte sein, dass Ben die Aufmerksamkeit auf sich ziehen möchte.

Lösung Seite 21 (Level 1 und 2)
Aufgabe 1:
4. Auf dem Weg zur Tafel stellt Ben Linus ein Bein. Aber Linus springt einfach darüber.
1. Mit seinem Rad ist Linus durch einen Glassplitter gefahren. Deshalb hat er einen Platten.
6. Als Linus zu seinem Platz zurückgeht, lächelt Mila ihn an.
5. Es gelingt Linus, die Aufgabe richtig vorzurechnen.
2. Yusuf und Linus müssen die Räder schieben. Sie kommen fast zu spät ins Klassenzimmer.
3. Linus soll an der Tafel zeigen, wie er die Matheaufgabe gerechnet hat.

Aufgabe 2:
„Quatsch, niemand hat immer nur Pech", sagt Yusuf.

Lösung Seite 22 (Level 3)
Aufgabe 1:
4. Linus macht sich auf den Weg zur Tafel, da stellt Ben ihm plötzlich ein Bein. Aber Linus springt einfach darüber.

1. Mit seinem Rad ist Linus durch einen Glassplitter gefahren und hat deshalb einen Platten.
6. Als Linus von der Tafel zu seinem Platz zurückgeht, lächelt Mila ihn an.
5. Es gelingt Linus, die Matheaufgabe richtig vorzurechnen.
2. Yusuf und Linus müssen die Räder schieben. Sie schaffen es nur ganz knapp, pünktlich im Klassenzimmer zu sein.
3. Linus hat das Ergebnis der Matheaufgabe gesagt, ohne sich zu melden. Jetzt soll er an der Tafel zeigen, wie er gerechnet hat.

Aufgabe 2:
siehe Lösung zu Level 1 und 2

Regeln in der Klasse

In jeder Klasse gibt es Regeln, die dem Miteinander in Schule und Unterricht einen Rahmen verleihen. Sprechen Sie mit den Kindern über die Bedeutung dieser Regeln und reflektieren Sie, ob und warum sie sinnvoll bzw. wichtig sind. Als Vergleich können die für alle gültigen Verkehrsregeln herangezogen werden, ohne die auf den Straßen Chaos herrschen würde.

Aufgabe 2 thematisiert, dass es nicht für jeden gleich leicht oder schwer ist, sich an bestimmte Regeln zu halten. Hier wie auch bei Aufgabe 3 gibt es kein richtig oder falsch, sondern die Äußerungen werden wie beim Philosophieren offen diskutiert. Vielleicht lässt sich die eine oder andere Idee aus Aufgabe 3 in den Schulalltag integrieren.

3. Kapitel: Held der Meere

Gesprächs- und Schreibanlässe

Linus und Yusuf spielen in ihrer Freizeit gern Fußball.
- Welche Sportarten magst du?
- Linus verletzt sich am Zeh. Hast du dir auch schon einmal beim Sport wehgetan? Was genau ist passiert?

Die beiden Freunde machen zusammen ein Videospiel.
- Womit verbringst du deine Zeit am Bildschirm?
- Welche Regeln gelten dabei?
- Welche Alternativen gibt es zum gemeinsamen „Zocken“?

Yusufs Mutter schickt die zwei nach draußen.
- Gib ihnen Tipps, was sie unternehmen könnten.
- Was machst du gern, wenn die Sonne scheint?

Hinweise zu den Kopiervorlagen

Held der Meere

Das Arbeitsblatt greift ein Hauptthema der Lektüre auf: Kann eine Person mehr Pech haben als andere? Fühlt es sich vielleicht nur für einen selbst manchmal so an? Und welche Konsequenzen könnte es haben, wenn jemand fest davon überzeugt ist, ein Pechvogel zu sein? Erhöht das womöglich die Wahrscheinlichkeit, tatsächlich Pech zu haben? (self-fulfilling prophecy)

Die Schüler belegen in Aufgabe 1 anhand von Quellen im Text, dass Yusuf seinen Freund nicht für einen Pechvogel hält, auch wenn Linus das oft zu hören bekommt. Um die Suche zu vereinfachen, sind bei der leichteren Variante für Level 1 und 2 sowohl die Seitenzahlen als auch die Satzanfänge vorgegeben. Die Auswertung von Aufgabe 3 kann z. B. in Form einer Mindmap erfolgen.

Lösung (Level 1 und 2 / Level 3)
Aufgabe 1:
1. „Für mich bist du ganz normal.“
2. „Das ist mir auch schon passiert.“
3. „Du bist kein Pechvogel, sondern ein Held der Meere.“

Weiterführende Anregungen

Zum Thema Freizeitgestaltung können die Schüler auch Plakate erstellen, eine Kartei anlegen oder ein Referat halten. Laden Sie Experten (z. B. Trainer, Musiklehrer) in die Klasse ein, die ihre Sportart, ihr Instrument oder ihre Tätigkeit präsentieren.

Quadrama Meerestier

Als Alternative zu einem Plakat gestalten die Kinder einen Meerestiersteckbrief mithilfe eines Quadramas. Zu den Bereichen Aussehen, Nahrung, Lebensweise und Wissenswertes sammeln sie Informationen aus Tierlexika oder im Internet. Diese schreiben sie vor dem Zusammenkleben direkt auf die gebastelten Einzelteile oder nutzen das Tonpapier, um eigene Schilder zu basteln, die sie dann beschriften. Wer noch nicht über die nötigen feinmotorischen Fähigkeiten verfügt, kann auch DIN-A3-Blätter verwenden.

Mithilfe der Quadramas, die in Einzel-, Partner- oder Gruppenarbeit erstellt werden, präsentieren die Schüler ihr Meerestier. Im Anschluss dienen die Bastelarbeiten im Rahmen einer Ausstellung im Klassenzimmer als Informationsquellen.

Interview zu Computerspielen

Das Interview zum Thema Computerspiele kann innerhalb der Klasse, aber ebenso mit Kindern aus der Parallelklasse oder Nachbarschaft geführt werden. Auch ältere Geschwister und Erwachsene eignen sich als Gesprächspartner. So ist ein Vergleich zwischen verschiedenen Altersstufen möglich.

Die Gemeinsamkeiten und Unterschiede können mithilfe von Diagrammen verdeutlicht werden (siehe Kopiervorlage „Geschwister – Freud oder Leid?", Seite 20). Zur Differenzierung bietet es sich an, das Interview in Partnerarbeit zu führen: ein Reporter und ein Schreiber. Leistungsstärkere Schüler interviewen mehrere Personen oder ergänzen eigene Fragen. Nutzen Sie das Blatt als Impuls, um das Thema Mediennutzung zu vertiefen.

4. Kapitel: Ein Glückskind

Gesprächs- und Schreibanlässe

Linus findet im Brunnen nicht nur Münzen, sondern auch einen goldenen Ring.

- Hast du schon einmal etwas Besonderes gefunden? Was und wo war das?
- Hebst du Dinge auf, die vielleicht nicht wertvoll sind, dich aber trotzdem ansprechen? Was zum Beispiel? Was tust du damit?

Eine Frau sagt zu Linus: „Du bist ja ein Glückskind und ein Pechvogel zugleich." (Seite 33)

- Was meint sie damit? Geht das überhaupt?
- Ist es dir auch schon einmal so ergangen?

Hinweise zu den Kopiervorlagen

Ein Glückskind

Hier ist Konzentration gefordert. Die Schüler müssen für die Lösung von Aufgabe 1 genau lesen und die Sätze exakt abschreiben. Seite 28 berücksichtigt die gekürzte Fassung von Level 1 und 2. Darüber hinaus müssen zwei Sätze weniger notiert werden und die Seitenzahlen, auf denen die Stichwörter stehen, sind angegeben. Fragen Sie die Kinder anschließend, wie es nach dem letzten Satz weitergeht: Als Linus angesprochen wird, ist er überrascht und lässt sein Eis fallen. Die Frau hat ein schlechtes Gewissen und gibt Linus Geld, damit er sich ein neues Eis holen kann.

Aufgabe 2 bietet einen Impuls für ein Gespräch zum Umgang mit Fundstücken.

Lösung Seite 28 (Level 1 und 2)

Aufgabe 1:

Lust: „Ich hab total Lust auf ein Eis."

überall: „Hey, da unten liegen überall Münzen!", ruft Yusuf.

Beine: Linus setzt sich auf den Rand des Brunnens und hängt die Beine ins Wasser.

goldenen Ring: „Ich hab einen goldenen Ring gefunden!", ruft Linus strahlend.

verdient: „Das Eis hast du dir wirklich verdient", sagt plötzlich eine weibliche Stimme.

Lösung Seite 29 (Level 3)

Aufgabe 1:

Lust: „Ich hab total Lust auf ein Eis."

Marktbrunnen: Etwas enttäuscht schlendern sie weiter und nähern sich dem Marktbrunnen.

überall: „Hey, da unten liegen überall Münzen!", ruft Yusuf.

Beine: Linus setzt sich auf den Rand des Brunnens und hängt die Beine ins Wasser.

Brunnenrand: Wenig später kommt er wieder hoch und legt die ersten Münzen auf den Brunnenrand.

goldenen Ring: „Ich hab einen goldenen Ring gefunden!", ruft Linus strahlend.

verdient: „Das Eis hast du dir wirklich verdient, mein Junge", sagt plötzlich eine weibliche Stimme.

Glück? Glück!

Was ist Glück? Diese philosophische Frage lässt sich nicht allgemeingültig, sondern nur subjektiv beantworten. Bestimmt fallen die Lösungen zu Aufgabe 1 entsprechend unterschiedlich aus. Differenzierend kann die Frage nach dem Glück künstlerisch bearbeitet werden, z. B. in Form einer Collage.

Bei Aufgabe 2 steht das Wortfeld „Glück" im Fokus. Neben zusammengesetzten Nomen sind natürlich auch Verben (z. B. verunglücken) oder Adjektive (z. B. glücklich) erlaubt. Wichtig ist hier, die Wortbedeutungen zu klären. Aufgabe 3 hat Glücksbringer zum Thema. Dabei kann es sich um allgemein bekannte wie beispielsweise Glückskäfer, Schornsteinfeger oder Hufeisen, aber genauso um individuelle wie Steine oder Armbänder handeln.

Lösung
Aufgabe 2:
z. B. Anfängerglück, Glücksfee, Glücksgefühl, Glückskäfer, Glücksklee, Glücksrad, Glückssache, Glücksspiel, geglückt, unglücklich

Weiterführende Anregung
Basteln Sie im Werk- oder Kunstunterricht Glücksbringer. Lassen Sie die Schüler z. B. Steine bemalen, Anhänger aus Ton formen oder Schlüsselanhänger aus Perlen / Holz / Muscheln gestalten.

Glückskekse backen
Sicher kennen die meisten Kinder in Ihrer Klasse Glückskekse und wissen, dass sich darin kleine Botschaften verstecken. Backen Sie die Kekse gemeinsam, wenn eine Schulküche vorhanden ist. Alternativ kann das Rezept zu Hause mit den Eltern oder älteren Geschwistern umgesetzt werden. Als sprachliche Vorarbeit sammeln Ihre Schüler verschiedene Sprüche, die sie mit der Hand oder am Computer auf kleine Zettel schreiben. Die fertigen Kekse können verschenkt oder beispielsweise beim Schulfest für einen guten Zweck verkauft werden.

5. Kapitel: Alles für Mila

Gesprächs- und Schreibanlässe

Linus ist in Mila verliebt.
- Warst du auch schon einmal verliebt?
- Wie fühlt es sich an, wenn man verliebt ist?
- Woran erkennt man, dass jemand anderes verliebt ist?

Weil Linus häufig zu Mila schaut, ist er abgelenkt und ihm passieren Missgeschicke.
- Ist dir schon einmal ein Missgeschick passiert, weil du nicht aufgepasst hast? Erzähle.
- Wie reagiert Linus, als er im Freibad über die Frau stolpert? Was hättest du getan?

Obwohl Linus Angst hat, klettert er auf den Sprungturm.
- Inwiefern kann Angst nützlich sein?
- Wann tut es gut, Ängste zu überwinden?

Hinweise zu den Kopiervorlagen

Alles für Mila
Auch dieses Arbeitsblatt, mit dem das Textverständnis des 5. Kapitels gesichert wird, liegt in zwei Schwierigkeitsstufen vor. Die leichtere Variante für Level 1 und 2 berücksichtigt den gekürzten Lektüretext. Mithilfe des Lösungsworts können sich die Schüler selbst kontrollieren.

Lösung (Level 1 und 2 / Level 3)
Aufgaben 1 und 2:
Lösungswort: SPRUNG

Schmetterlinge im Bauch
Ist eine Person verliebt, verändert sich manchmal ihr Verhalten. Die einen benehmen sich tollpatschig oder verlegen, andere möchten unbedingt beeindrucken und sind vielleicht sogar mutiger als sonst. Auch körperlich ist Verliebtheit zu spüren, z. B. durch ein Kribbeln im Bauch. Zudem werden die Gedanken beeinflusst, oft geht einem der andere nicht aus dem Kopf.

Wenn Ihre Schüler offen dafür sind, regen Sie ein Klassengespräch an (siehe Gesprächs- oder Schreibanlass in der linken Spalte). Führen Sie eventuell an, dass Verliebtsein – anders als bei Linus und Mila – nicht immer beidseitig ist. Auf dem Arbeitsblatt wird das Thema vertieft.

Lösung
Aufgabe 1:
z. B. Seite 35: Linus kann seinen Blick nicht von Mila abwenden.
Seite 37: „Seid ihr verknallt?", möchte Yusuf wissen. Linus wird (ein wenig) rot.

Seite 37: Er spürt ein Kribbeln im Bauch, atmet tief durch und geht los.

Aufgabe 2:
z. B. auf Wolke sieben schweben
bis über beide Ohren verliebt sein
Was sich liebt, das neckt sich.

6. Kapitel: Linus und Liam

Gesprächs- und Schreibanlässe

Sauerkraut kann Linus nicht leiden.

- Welches Essen schmeckt dir nicht? Was ist dein Lieblingsessen?
- Was machst du, wenn es zu Hause etwas gibt, das du nicht so gern magst? Musst du es trotzdem essen?

Linus plant, für seinen kleinen Bruder Spaghetti mit Tomatensoße zu kochen.

- Kannst du auch schon etwas kochen oder backen?
- Hilfst du deinen Eltern manchmal beim Kochen?
- Was tust du, wenn du Hunger hast und nichts vorbereitet ist?

Hinweise zu den Kopiervorlagen

KV Seite 35/36

Linus und Liam
Der Lückentext kann zur Wiederholung des Inhalts vom 6. Kapitel zum Einsatz kommen. Auf dem Arbeitsblatt für Level 3 setzen die Schüler die fehlenden Wörter entweder aus dem Gedächtnis ein oder lesen im Buch nach. Bei der leichteren Variante sind die Begriffe vorgegeben. Es sind außerdem zwei weniger.

Lösung Seite 35 (Level 1 und 2)
Als Linus nach der Schule zu Hause ankommt, ist das Mittagessen schon fertig. Aber leider gibt es Sauerkraut. Das schmeckt ihm gar nicht. Auch Liam isst nur ein paar Bissen, obwohl er großen Hunger hat. Weil Mama wegmuss, soll Linus nach dem Essen auf seinen kleinen Bruder aufpassen. Zuerst schaukelt Liam, aber bald möchte er in den Sandkasten. In Gedanken ganz bei Mila baut Linus nur halbherzig eine Burg. Mit einem Mal hat Liam keine Lust mehr zum Spielen im Sand. Er will, dass Linus ihm Spaghetti mit Tomatensoße kocht. Als Linus kurz in den Keller geht, um die Nudeln zu holen, passiert in der Küche ein Unglück: Die Tomatensoße landet auf dem Boden und Liam steht mitten in der roten Pampe.
So ein Pech – genau in diesem Moment kommt auch noch Mama nach Hause! Zum Glück schimpft sie nicht, sondern freut sich, dass Linus seinem Bruder etwas kochen wollte.
Tja, es ist wirklich schön, einen Bruder zu haben, oder?

Lösung Seite 36 (Level 3)
Als Linus nach der Schule zu Hause ankommt, ist das Mittagessen schon fertig. Aber leider gibt es Sauerkraut. Das schmeckt ihm gar nicht. Auch Liam isst nur ein paar Bissen, obwohl er großen Hunger hat. Weil Mama wegmuss, soll Linus nach dem Essen auf seinen kleinen Bruder aufpassen. Zuerst schaukelt Liam, aber bald möchte er in den Sandkasten. In Gedanken ganz bei Mila baut Linus nur halbherzig eine Burg. Mit einem Mal hat Liam keine Lust mehr zum Spielen im Sand. Er will, dass Linus ihm Spaghetti mit Tomatensoße kocht. Als Linus kurz in den Keller geht, um die Nudeln zu holen, passiert in der Küche ein Unglück: Die Tomatensoße landet auf dem Boden und Liam steht mitten in der roten Pampe.
So ein Pech – genau in diesem Moment kommt auch noch Mama nach Hause! Zum Glück schimpft sie nicht, sondern freut sich, dass Linus seinem Bruder etwas kochen wollte.
Tja, es ist wirklich schön, einen Bruder zu haben, oder?

KV Seite 37

Aufgaben in der Familie
Auch in der Grundschule übernehmen Kinder schon Aufgaben in der Familie. Je nach Familienkonstellation, Alter und Entwicklungsstand können diese jedoch sehr unterschiedlich ausfallen. Das Arbeitsblatt regt dazu einen Austausch und Vergleich an.

Sicher lehnen manche bestimmte Aufgaben ab oder mögen sie nicht. Gründe dafür können z. B. Überforderung, Unsicherheit oder Ekel sein. Reflektieren Sie im Unterrichtsgespräch die Beispiele und Erfahrungen mit Ihrer Klasse. Abschließend tauschen sich die Schüler über den Sinn einer solchen Aufgabenverteilung aus. Neben praktischen Erwägungen („Wenn wir das schnell zusammen machen, haben wir danach mehr Zeit zum Spielen.“) ist hier auch die soziale Komponente von Bedeutung: „Wenn man als Gemeinschaft gut zusammenleben möchte, ist es wichtig, dass alle mit anpacken.“

7. Kapitel: Mehr als bloß Glück

Gesprächs- und Schreibanlässe

Ben verhält sich im Sportunterricht nicht fair.
- Wie geht ihr mit Regelverstößen um?
- Findest du „Fair Play“ wichtig?

Linus baut im Sportunterricht zuerst mit seiner Klasse einen Parcours auf, dann spielen die Kinder Fußball.
- Was ist dein Lieblingsspiel im Sportunterricht?
- Habt ihr schon einmal die Regeln ein bisschen abgeändert? Was ist dann passiert?

Hinweise zu den Kopiervorlagen

KV Seite 38/39

Mehr als bloß Glück
Das Kreuzworträtsel sichert das Textverständnis des 7. Kapitels. Es kann als Hausaufgabe oder auch in offenen Arbeitsformen zum Einsatz kommen. Auf dem Blatt für Level 1 und 2 sind einzelne Buchstaben vorgegeben. Das Lösungswort dient der Selbstkontrolle.

Lösung (Level 1 und 2/Level 3)

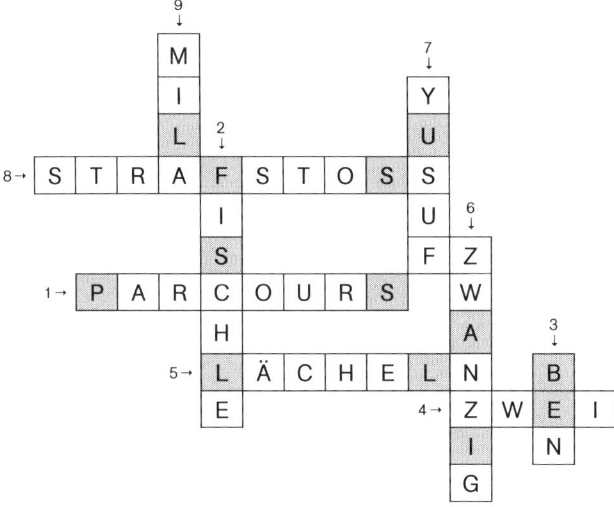

Lösungswort: FUSSBALLSPIEL

KV Seite 40

Unsere Spielekartei
Mithilfe der Kopiervorlage können Sie in der Klasse eine Kartei mit verschiedenen Sport- oder Pausenspielen anlegen. Die Spiele sollten schnell erklärt sein und möglichst wenig Material erfordern. Die Kinder formulieren die Spielregeln in Sätzen oder Stichpunkten, auch Skizzen auf der Rückseite der Karten sind eventuell hilfreich. Ein Beispiel finden die Schüler auf dem Blatt. Die zweite Karteikarte füllen sie in Einzel- oder Partnerarbeit aus.

Anschließend stellen die Kinder ihr Spiel im Sportunterricht oder während der Spielezeit vor und die Klasse probiert es gemeinsam aus. Varianten oder Anpassungen sind dabei möglich. Es empfiehlt sich, die Karteikarten zu laminieren, um die Spielesammlung langfristig nutzen zu können.

8. Kapitel: Eine tolle Nummer

Gesprächs- und Schreibanlässe

Linus übt heimlich zwei Kunststücke.
- Kannst du auch Kunststücke? Vielleicht Jonglieren wie Linus oder einen Kartentrick?
- Hast du schon einmal jemanden mit einem Kunststück überrascht?
- Hättest du dich getraut, allein etwas in der Manege vorzuführen? Begründe.

Nachdem Linus seine Kunststücke gezeigt hat, bekommt er großen Applaus und sogar einen Kuss von Mila. Der schönste Tag seines Lebens!
- Warst du auch schon einmal ein Glückskind – so wie Linus an diesem Tag?
- Welche Gefühle hättest du an Linus' Stelle?
- Wie stellst du dir deinen schönsten Tag vor?

Hinweise zu den Kopiervorlagen

KV Seite 41/42

Eine tolle Nummer
Wer das 8. Kapitel aufmerksam gelesen hat, wird die wahren Sätze leicht von den falschen unterscheiden können. Das Arbeitsblatt für Level 1 und 2 bietet Seitenverweise als Hilfestellung. Das Lösungswort ermöglicht die Selbstkontrolle.

Lösung (Level 1 und 2/Level 3)
Lösungswort: GLÜCKSKIND

Weiterführende Anregung
Lassen Sie die Kinder selbst wahre und falsche Aussagen zu diesem Kapitel finden und dann der Klasse vorstellen.

KV Seite 43–45

Linus' großer Auftritt
Die letzte Szene der Lektüre liegt als Sprechstück mit Regieanweisungen vor. Passend zu ihren Fähigkeiten und Wünschen übernehmen die Schüler kleine oder große Rollen und/oder tragen die benötigten Geräusche bei. Der Trommelwirbel kann mit einer Handtrommel und einem Schläger oder mit einem Topfdeckel und einem Löffel erzeugt werden.

Ergänzen Sie ggf. eine Einleitung (z.B. Begrüßung, Musik) sowie einen Abspann (z.B. Verabschiedung, Vorstellen der Beteiligten, Musik), falls Sie die Szene aufnehmen möchten. Es ist ein schönes Erlebnis für die Kinder, wenn sie ihr eigenes Hörstück vor Publikum präsentieren dürfen, beispielsweise bei einem Klassenfest. Die Umsetzung ist auch in Gruppen oder mit Ergänzungen möglich (weitere Regieanweisungen und Geräusche).

Nach der Lektüre

Sprechen Sie im Anschluss an die Lektüre mit Ihrer Klasse darüber, wie den Kindern die Geschichte von Linus, Mila und Yusuf gefallen hat. War es leicht oder schwer für sie, das Buch zu lesen? Es können an dieser Stelle auch verschiedene Leseportfolio-Aufgaben zum Einsatz kommen (siehe Seite 14/15).

Hinweise zu den Kopiervorlagen

Lesespiel
Dieses Lesespiel ermöglicht einen vergnüglichen Rückblick auf die Geschichte. Die Schüler spielen es im Plenum oder in Gruppen. Vorab müssen die Karten kopiert, ggf. laminiert und ausgeschnitten werden.

Wer die Karte mit „START" zieht, beginnt und liest seine Frage vor. Das Kind mit der passenden Antwort liest diese vor und stellt daraufhin die nächste Frage. So geht es weiter, bis die „ENDE"-Karte erreicht ist. Da die Mitspieler nicht jedes Mal dieselben Karten bekommen, kann das Lesespiel mehrmals wiederholt werden.

Weiterführende Anregung
Leistungsstärkere Schüler erstellen ein eigenes Lesespiel zur Lektüre. Sie können auch die Fragen aus ihrem Faltbüchlein einbinden (siehe Kopiervorlage „Leseprofi-Fragen", Seite 17).

Lied: Pechvogel oder Glückskind?
Das Lied „Pechvogel oder Glückskind?" stammt von den Autoren Martin Lenz und Manfred Mai. Es stellt einen schönen Abschluss der Lektürearbeit dar, kann aber auch früher zum Einsatz kommen. Begleiten Sie die eingängige Melodie anhand des Notenblatts auf der Gitarre oder dem Klavier bzw. Keyboard. Gitarrenspieler, die eine spieltechnisch einfachere Form wünschen und mit einem Kapodaster im Bund spielen, finden die passenden Akkorde unter folgendem Link: *www.hase-und-igel.de/buch/linus-der-pechvogel-level-3-9783863161835.* Die Schüler können das Lied mit Körper- oder Rhythmusinstrumenten begleiten, sich ein Ostinato dazu ausdenken oder eigene Strophen erfinden.

Unter dem oben aufgeführten Link gibt es auch eine Audiodatei. Sicher macht es den Kindern Freude, das Lied gemeinsam mit Martin Lenz zu singen.

Name:

Mein Leseportfolio

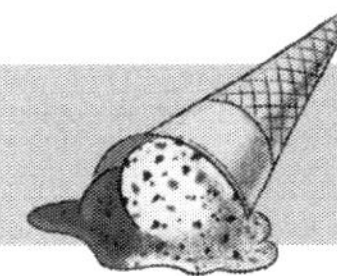

Gestalte dein eigenes Leseportfolio.

1. Schreibe ein Inhaltsverzeichnis. Trage dazu alle Aufgaben, die du bearbeitet hast, in die Tabelle ein. Wie ist es dir mit der Aufgabe ergangen? Male den passenden Smiley an.

	Aufgabe	Bewertung
1		☺ 😐 ☹
2		☺ 😐 ☹
3		☺ 😐 ☹
4		☺ 😐 ☹
5		☺ 😐 ☹
6		☺ 😐 ☹
7		☺ 😐 ☹
8		☺ 😐 ☹
9		☺ 😐 ☹
10		☺ 😐 ☹
11		☺ 😐 ☹
12		☺ 😐 ☹
13		☺ 😐 ☹
14		☺ 😐 ☹

2. Sammle die erledigten Aufgaben in einer Mappe. Kontrolliere deine Arbeiten, bevor du sie abheftest.

3. Gestalte ein Deckblatt für dein Leseportfolio.

4. Stelle dein Leseportfolio in der Klasse vor.

Leseportfolio – Aufgaben (1)

✂

Cover neu gestalten

Gestalte das Cover des Buches neu. Du kannst zeichnen, malen oder eine Collage erstellen. Denke dabei an wichtige Elemente wie Titel, Autoren und Verlag des Buches.

Steckbrief verfassen

Beschreibe eine Person aus der Geschichte mithilfe eines Steckbriefs. Denke dabei an den Namen, Eigenschaften, die Beziehung zu anderen Personen usw.

E-Mail schreiben

Schicke einer Person aus dem Buch eine E-Mail. Beziehe dich beim Schreiben darauf, was der Empfänger in der Geschichte erlebt hat.

Perspektive wechseln

Schreibe eine Szene der Geschichte aus Sicht einer anderen Person auf.

Comic zeichnen

Gestalte einen Comic zu Linus' Geschichte. Alternativ kannst du dich auch auf ein Kapitel beschränken oder dir Sprech- und Gedankenblasen zu einzelnen Illustrationen aus dem Buch ausdenken.

Meine Lieblingsstelle

Schreibe deine Lieblingsstelle auf und gestalte sie kreativ. Du kannst zeichnen, malen, basteln oder fotografieren.

Leseportfolio – Aufgaben (2)

✂

Inhaltsangabe schreiben

Schreibe eine kurze Inhaltsangabe der ganzen Geschichte oder eines einzelnen Kapitels.

Buchkritik verfassen

- Was hat dir gut gefallen? Was nicht so gut?
- Welche ist deine Lieblingsstelle? Warum?
- Würdest du das Buch weiterempfehlen? Warum oder warum nicht?

Fortsetzung schreiben

Wie könnte die Geschichte von Linus, Yusuf und Mila weitergehen? Schreibe eine Fortsetzung in ganzen Sätzen.

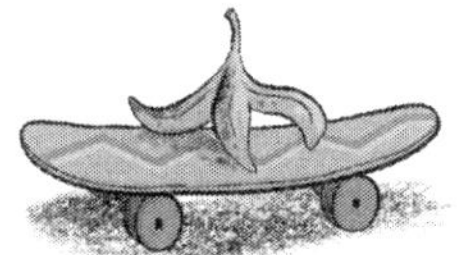

Name:

Ein Buch – zwei Autoren

Erstelle für die beiden Autoren einen Steckbrief. Informiere dich dazu im Internet auf der jeweiligen Homepage.

Martin Lenz und Manfred Mai haben schon einige Projekte miteinander verwirklicht. Nenne mindestens drei Beispiele.

Name: ____________________

geboren: ____________________

Berufe: ____________________

Werke: ____________________

____

____

____

Gemeinsame Projekte:

____

____

____

____

____

____

Name: ____________________

geboren: ____________________

Berufe: ____________________

Werke: ____________________

____

____

____

Leseprofi-Fragen

von

zu

Meine Leseprofi-Fragen beziehen sich auf …

- [ ] die gesamte Geschichte.
- [ ] folgende Kapitel:

1. Leseprofi-Frage:

Meine Leseprofi-Antwort:

2. Leseprofi-Frage:

Meine Leseprofi-Antwort:

3. Leseprofi-Frage:

Meine Leseprofi-Antwort:

Name:

Hilfe!

Linus ist im 1. Kapitel ziemlich genervt – von den Hausaufgaben und seiner Schwester. Denn Lena zieht ihn immer wieder auf.

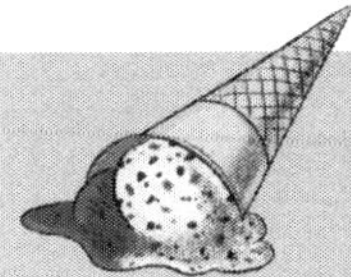

Was sagt sie zu ihm? Ergänze in jeder Sprachblase das fehlende Wort. Lies nach auf den Seiten 8 bis 11.

Hast du in die

____

gemacht?

Brich dir beim

Abputzen keinen

_______________!

Na, hast du deine Hände nach

dem Kackamachen auch schön

_______________________?

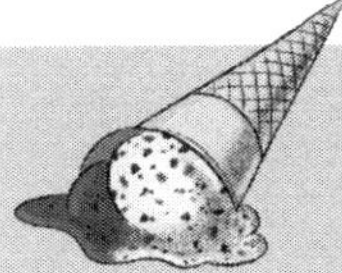

Lena kann aber auch nett zu ihrem Bruder sein. Finde zwei Beispiele im Text und schreibe sie mit eigenen Worten auf.

____

____

____

Name:

Hilfe!

Linus ist im 1. Kapitel ziemlich genervt – von den Hausaufgaben und seiner Schwester. Denn Lena zieht ihn immer wieder auf.

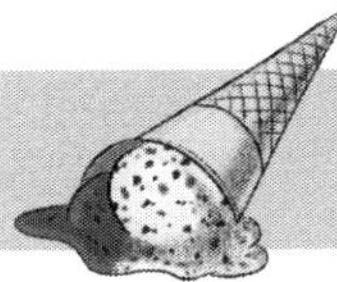

Was sagt sie zu ihm? Male die passenden Sprechblasen blau an.

Kapierst du Mathe wieder nicht?

Hast du etwa in die Hose gemacht?

Brich dir beim Abputzen keinen Finger!

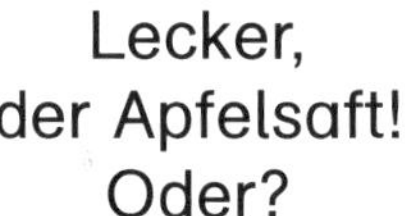

Lecker, der Apfelsaft! Oder?

Na, hast du deine Hände nach dem Kackamachen auch schön gewaschen?

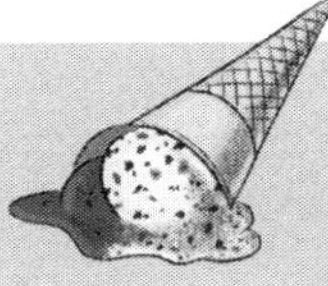

Lena kann aber auch nett zu ihrem Bruder sein. Finde zwei Beispiele im Text und schreibe sie mit eigenen Worten auf.

Name:

Geschwister – Freud oder Leid?

Linus hat zwei Geschwister: eine große Schwester und einen kleinen Bruder.

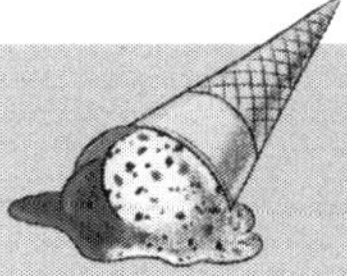

Wie sieht das in eurer Klasse aus? Erstelle ein Säulendiagramm. Für jedes Kind musst du ein Kästchen ausmalen.

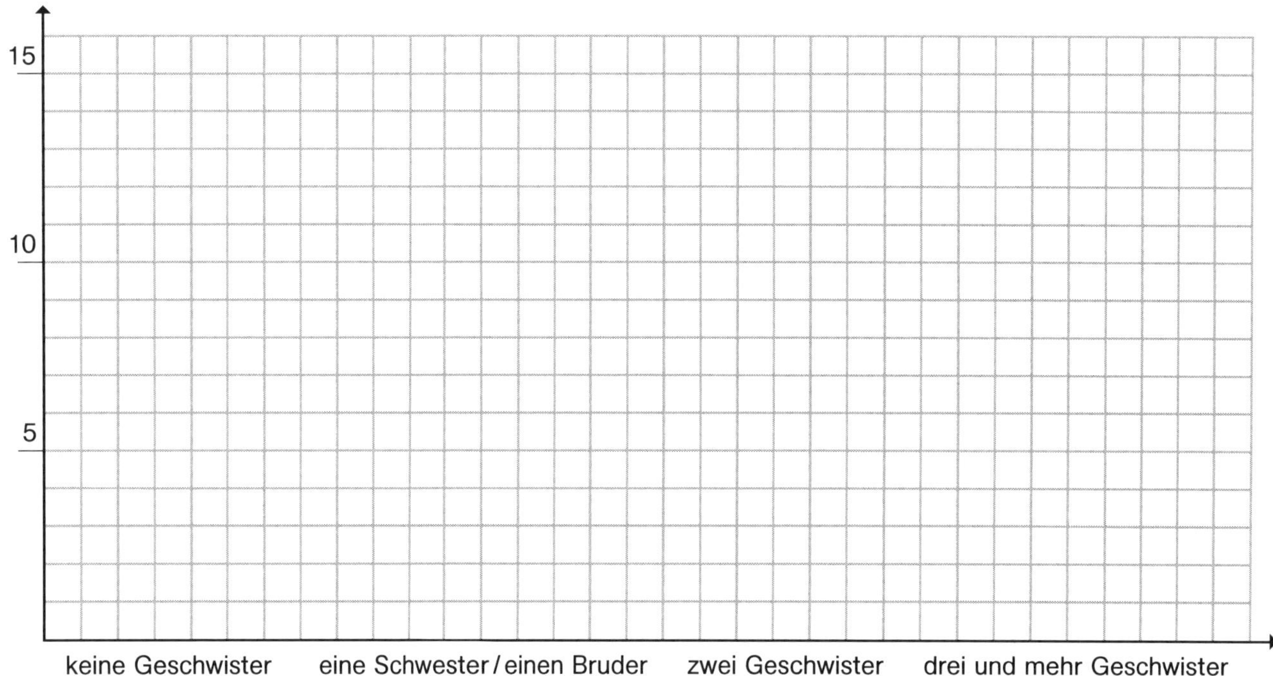

Beantworte eine der beiden Fragen: die erste, wenn du Geschwister hast, und die zweite, wenn du Einzelkind bist.

1. Verstehst du dich gut mit deinen Geschwistern? Beschreibe.
2. Fühlst du dich wohl ohne Geschwister? Begründe.

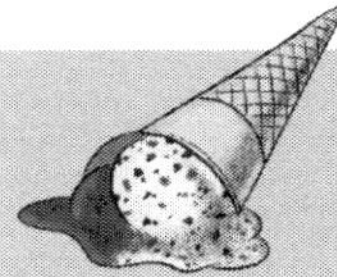

Kleine Schwester? Großer Bruder? Welche Geschwister würdest du dir (noch) wünschen? Erkläre und begründe im Gespräch.

Name:

Immer nur Pech?

Linus hat das Gefühl, dass er nie Glück, sondern immer nur Pech hat. Aber nicht alles geht schief. Am Ende des 2. Kapitels läuft es für Linus sogar ziemlich gut.

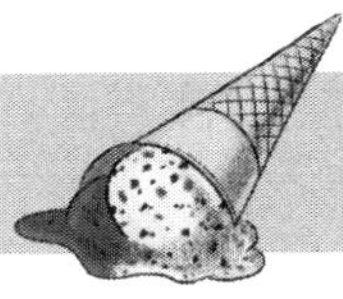

Bringe die Sätze in die richtige Reihenfolge.

4	Auf dem Weg zur Tafel stellt Ben Linus ein Bein. Aber Linus springt einfach darüber. (immer)
1	Mit seinem Rad ist Linus durch einen Glassplitter gefahren. Deshalb hat er einen Platten. (Quatsch)
	Als Linus zu seinem Platz zurückgeht, lächelt Mila ihn an. (Pech)
	Es gelingt Linus, die Aufgabe richtig vorzurechnen. (nur)
	Yusuf und Linus müssen die Räder schieben. Sie kommen fast zu spät ins Klassenzimmer. (niemand)
	Linus soll an der Tafel zeigen, wie er die Matheaufgabe gerechnet hat. (hat)

Trage die Wörter in Klammern bei der passenden Zahl ein. So erhältst du den Lösungssatz.

„______________ (1), ______________ (2) ______________ (3)

______________ (4) ______________ (5) ______________ (6)“, sagt Yusuf.

Kannst du dir vorstellen, warum Ben so gemein zu Linus ist? Sprecht darüber.

Name:

Immer nur Pech?

Linus hat das Gefühl, dass er nie Glück, sondern immer nur Pech hat. Aber nicht alles geht schief. Am Ende des 2. Kapitels läuft es für Linus sogar ziemlich gut.

Bringe die Sätze in die richtige Reihenfolge.

☐ Linus macht sich auf den Weg zur Tafel, da stellt Ben ihm plötzlich ein Bein. Aber Linus springt einfach darüber. (immer)

1 Mit seinem Rad ist Linus durch einen Glassplitter gefahren und hat deshalb einen Platten. (Quatsch)

☐ Als Linus von der Tafel zu seinem Platz zurückgeht, lächelt Mila ihn an. (Pech)

☐ Es gelingt Linus, die Matheaufgabe richtig vorzurechnen. (nur)

☐ Yusuf und Linus müssen die Räder schieben. Sie schaffen es nur ganz knapp, pünktlich im Klassenzimmer zu sein. (niemand)

☐ Linus hat das Ergebnis der Matheaufgabe gesagt, ohne sich zu melden. Jetzt soll er an der Tafel zeigen, wie er gerechnet hat. (hat)

Trage die Wörter in Klammern bei der passenden Zahl ein. So erhältst du den Lösungssatz.

„__________ (1), __________ (2) __________ (3)

__________ (4) __________ (5) __________ (6)“, sagt Yusuf.

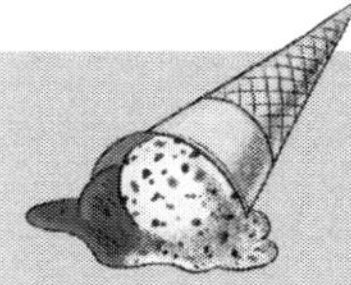

Kannst du dir vorstellen, warum Ben so gemein zu Linus ist? Sprecht darüber.

Name:

Regeln in der Klasse

Linus' Mitschüler beschweren sich, als er im Unterricht die Lösung der Matheaufgabe sagt, ohne sich zu melden. Sicher gibt es auch in deiner Klasse Regeln.

Notiere einige Bespiele. Male die zwei Regeln an, die dir besonders wichtig sind. Begründe deine Entscheidung im Gespräch.

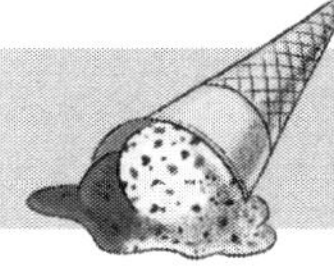

Welche Regeln fallen dir manchmal schwer? Warum? Erkläre.

Welche Regel würdest du gern noch für die Schule aufstellen? Es darf auch eine außergewöhnliche oder witzige sein. Notiere. Tauscht euch dann in der Klasse darüber aus.

Name:

Held der Meere

Im 3. Kapitel treffen sich Linus und Yusuf am Nachmittag. Linus will von seinem Freund etwas wissen: „Findest du auch, dass ich mehr Pech habe als andere?“

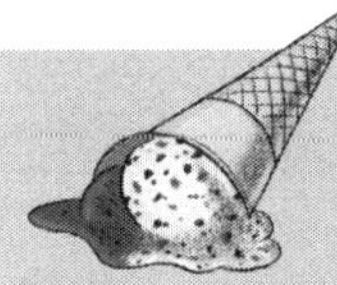

Was denkt Yusuf? Schreibe drei Aussagen auf, die seine Meinung dazu deutlich machen.

1. Seite 22: „Für mich

2. Seite 24: „Das ist mir

3. Seite 25: „Du bist kein

Findest du, dass Linus ein Pechvogel ist? Begründe.

Die beiden Freunde sind Fußballfans und „zocken“ gern – zum Beispiel das Spiel *Helden der Meere*.

Was machst du am liebsten in deiner Freizeit? Notiere in ganzen Sätzen. Vergleicht im Anschluss eure Hobbys.

Name:

Held der Meere

Im 3. Kapitel treffen sich Linus und Yusuf am Nachmittag. Linus will von seinem Freund etwas wissen: „Findest du auch, dass ich mehr Pech habe als andere?“

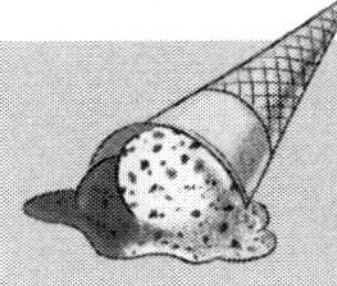

Was denkt Yusuf? Schreibe drei Aussagen auf, die seine Meinung dazu deutlich machen.

1. ______________________________

____

2. ______________________________

____

3. ______________________________

____

Findest du, dass Linus ein Pechvogel ist? Begründe.

____

____

Die beiden Freunde sind Fußballfans und „zocken“ gern – zum Beispiel das Spiel *Helden der Meere*.

Was machst du am liebsten in deiner Freizeit? Notiere in ganzen Sätzen. Vergleicht im Anschluss eure Hobbys.

____

____

____

____

Name:

Quadrama Meerestier

Erstelle mithilfe der Vorlagen ein Quadrama. Sammle vorab Informationen über deinen Meeresbewohner in Tierlexika oder im Internet.

Du brauchst:

- vier weiße DIN-A4-Blätter
- helles Tonpapier
- eine Schere
- Stifte zum Malen und Beschriften
- einen Klebestift
- einen Zahnstocher

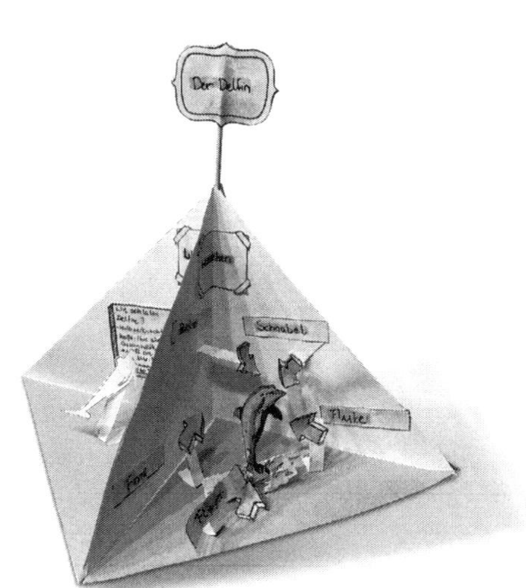

So geht's:

1. Lege eines der weißen DIN-A4-Blätter hochkant vor dich auf den Tisch.
2. Falte nun die rechte obere Ecke bis zum linken Rand. Die Blattkanten sollen dabei genau aufeinanderliegen. Schneide im Anschluss unten das Reststück ab, sodass ein Quadrat entsteht.

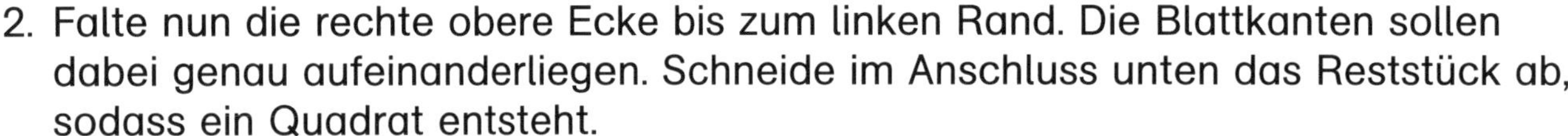

3. Öffne das Blatt und falte die beiden gegenüberliegenden Ecken, durch die die Faltkante läuft, aufeinander. Wenn du das Blatt wieder auseinanderfaltest, kannst du ein Kreuz erkennen.
4. Schneide jetzt von einer Ecke entlang der Faltkante bis zur Mitte des Kreuzes.
5. Wenn du direkt auf das Blatt schreiben oder malen möchtest, dann tue dies, bevor du die zwei Dreiecke aufeinanderklebst. Schilder kannst du auch danach befestigen. Nutze die Vorlagen unten und gestalte weitere auf dem Tonpapier.
6. Verfahre mit den anderen drei Blättern genauso.
7. Schreibe auf die zwei Schilder unten den Namen deines Meerestiers. Schneide sie aus und klebe die Rückseiten mit dem Zahnstocher dazwischen zusammen.
8. Klebe zum Schluss die vier gestalteten Teile des Quadramas aneinander. Das Namensschild soll dabei oben zwischen den Teilen befestigt werden.

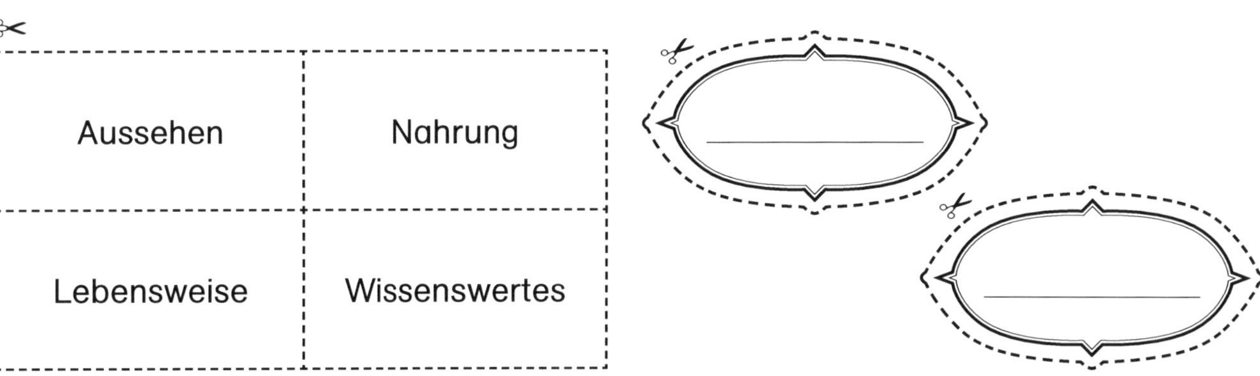

Name:

Interview zu Computerspielen

Befrage einen Mitschüler / eine Mitschülerin oder einen Freund / eine Freundin. Berichte dann in der Klasse davon.

Ich habe ______________________________ befragt.

1. Welche Computerspiele machst du gern?

____

____

2. Mit wem spielst du am liebsten?

☐ allein ☐ mit einem Partner ☐ in einer Gruppe

3. Wie oft spielst du Computerspiele?

☐ täglich ☐ mehrmals pro Woche ☐ selten ☐ nie

4. Wie lange darfst du pro Tag PC, Tablet oder Handy zum Spielen verwenden?

____

5. Sicher nutzt du verschiedene Medien. Bewerte mit Schulnoten von 1 bis 6, wie gut sie dir gefallen. Streiche, was du nicht nutzt, und ergänze bei Bedarf weitere Geräte.

☐ Bücher ☐ CDs ☐ Tablet ☐ Zeitschriften ☐ TV ☐ Handy

☐ Computer ☐ ______________ ☐ ______________

6. Stelle dir vor, du kannst selbst ein Computerspiel gestalten. Erkläre kurz Inhalte und Spielweise.

____

____

____

____

Name:

Ein Glückskind

Yusuf und Linus verbringen den Nachmittag zusammen in der Stadt.

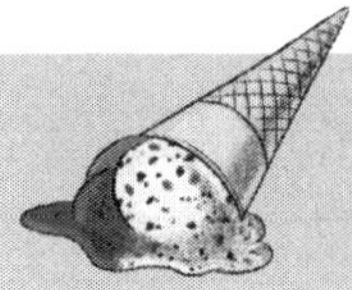

Suche folgende Stichwörter im 4. Kapitel. Schreibe jeweils den dazugehörigen Satz ab. Kontrolliere im Anschluss genau.

Lust (Seite 27): ____________________

überall (Seite 29): ____________________

Beine (Seite 30): ____________________

goldenen Ring (Seite 31): ____________________

verdient (Seite 33): ____________________

Stell dir vor, du findest einen goldenen Ring. Was würdest du damit tun? Notiere.

Name:

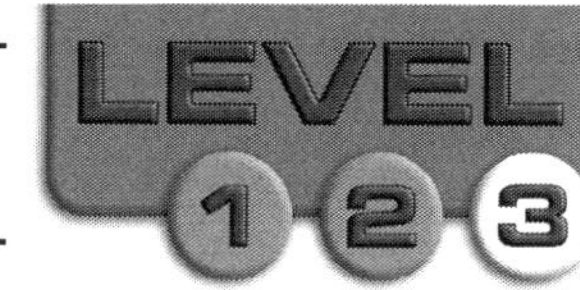

Ein Glückskind

Yusuf und Linus verbringen den Nachmittag zusammen in der Stadt.

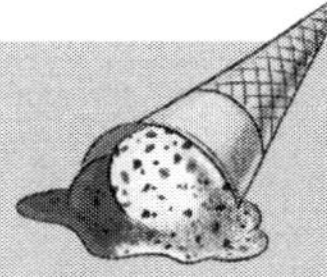

Suche folgende Stichwörter im 4. Kapitel. Schreibe jeweils den dazugehörigen Satz ab. Kontrolliere im Anschluss genau.

Lust: ____________________

Marktbrunnen: ____________________

____

überall: ____________________

____

Beine: ____________________

____

Brunnenrand: ____________________

____

goldenen Ring: ____________________

____

verdient: ____________________

____

Stell dir vor, du findest einen goldenen Ring. Was würdest du damit tun? Notiere.

____

____

____

____

Name:

Glück? Glück!

Nachdem Linus den goldenen Ring gefunden hat, nennt Yusuf ihn einen Glückspilz. Da wird Linus bewusst, dass er wirklich nicht immer nur Pech hat.

Was bedeutet Glück für dich? Notiere in ganzen Sätzen. Sprecht darüber in der Klasse.

Glückspilz, Glückskind … Finde weitere Wörter, die zur Wortfamilie „Glück" gehören.

Glück

Hast du einen Glücksbringer? Oder wünschst du dir einen? Male und beschreibe deinen Glücksbringer.

Name:

Glückskekse backen

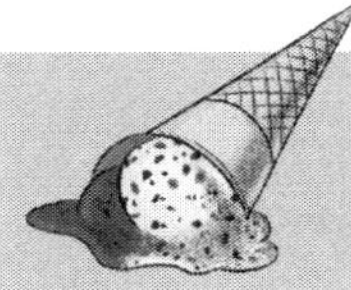

Backe Glückskekse und verschenke sie an deine Familie oder Freunde.

Für 12 Kekse brauchst du:

- 1 Ei
- 1 EL Sonnenblumenöl
- 50 g Puderzucker
- 50 g Mehl
- evtl. 1–2 EL Milch

Außerdem brauchst du:

- Papier, Stift und Schere
- Backblech mit Backpapier
- rundes Glas (Durchmesser 7 cm)
- Schüssel und Mixer
- Tortenheber

Vor dem Backen:

1. Sammle verschiedene kurze Botschaften und Weisheiten.
2. Notiere sie auf kleinen Zetteln (1 cm x 6 cm).
3. Zeichne mithilfe des Glases etwa 7 cm große Kreise auf das Backpapier. Lege es mit den eingezeichneten Kreisen nach unten auf das Backblech.

Zubereitung des Teigs:

1. Gib alle Zutaten in die Schüssel und verrühre sie mit dem Mixer.
2. Der Teig soll geschmeidig sein. Füge bei Bedarf ein wenig Milch hinzu.
3. Heize den Ofen auf 180 Grad vor.
4. Gib nun mit einem Teelöffel etwas Teig in die Kreise auf dem Backpapier. Streiche den Teig bis zum Rand des Kreises glatt.
5. Backe die Kekse 6 bis 7 Minuten im Ofen auf mittlerer Schiene.

Nach dem Backen:

1. Löse die Teigkreise zügig mit dem Tortenheber vom Papier. Lege einen Spruch auf den Keks und falte den Kreis in der Mitte.
2. Lege den Halbkreis nun über einen Glasrand und falte ihn in der Mitte nach unten.
3. Zum Schluss auskühlen lassen und fertig sind deine Glückskekse!

Tipp: Backe nicht zu viele Kekse auf einmal. Das Falten muss passieren, solange der Teig noch weich ist.

Name:

Alles für Mila

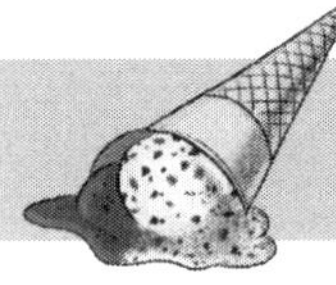

Lies das 5. Kapitel und kreuze die richtigen Satzenden an.

1. Linus stolpert über eine Frau, die …

- [ ] sich von der Sonne bräunen lässt. (G)
- [ ] auf ihrem lila Handtuch schläft. (E)

2. Sofort rappelt Linus sich wieder hoch. Er …

- [ ] hofft, dass Mila nichts bemerkt hat. (N)
- [ ] schaut heimlich zu Mila hinüber. (E)

3. „Seid ihr …

- [ ] verliebt?“, fragt Yusuf seinen Freund. (T)
- [ ] verknallt?“, möchte Yusuf wissen. (U)

4. Ohne zu antworten, nähert Linus sich dem Sprungturm und …

- [ ] steigt langsam nach oben. (R)
- [ ] blickt unsicher nach oben. (H)

5. Vorne am Brett bleibt er stehen und …

- [ ] macht zwei Schritte rückwärts. (C)
- [ ] schließt kurz die Augen. (P)

6. Er denkt an Mila, streckt die Arme nach oben und …

- [ ] macht einen Salto rückwärts. (I)
- [ ] lässt sich nach vorne fallen. (S)

Trage die Buchstaben hinter den richtigen Satzenden von unten nach oben ein.

Lösungswort:

6	5	4	3	2	1

Name:

Alles für Mila

Lies das 5. Kapitel und kreuze die richtigen Satzenden an.

1. Linus stolpert über eine Frau, die auf ...

- [ ] dem Bauch liegt und sich von der Sonne bräunen lässt. (G)
- [ ] ihrem lila Handtuch in der Sonne liegt und schläft. (E)

2. Sofort rappelt Linus sich wieder hoch und ...

- [ ] hofft, dass Mila nichts bemerkt hat. (N)
- [ ] schaut heimlich zu Mila hinüber. (E)

3. „Seid ihr ...

- [ ] verliebt?“, fragt Yusuf seinen Freund. (T)
- [ ] verknallt?“, möchte Yusuf wissen. (U)

4. Ohne zu antworten, nähert Linus sich dem Sprungturm und ...

- [ ] steigt langsam nach oben. (R)
- [ ] blickt unsicher nach oben. (H)

5. „Das traut sich der Loser nicht. Wetten?“, ...

- [ ] sagt Sophie aus Linus’ Klasse. (C)
- [ ] hört er Ben sagen. (P)

6. Er denkt an Mila, streckt die Arme nach oben und ...

- [ ] macht einen Salto rückwärts. (I)
- [ ] lässt sich nach vorne fallen. (S)

Trage die Buchstaben hinter den richtigen Satzenden von unten nach oben ein.

Lösungswort:

6	5	4	3	2	1

Name:

Schmetterlinge im Bauch

Linus mag Mila sehr und würde gern mehr Zeit mit ihr verbringen.

Was deutet darauf hin, dass Linus in Mila verliebt ist? Finde drei Beispiele. Schreibe die passenden Sätze auf und notiere auch die Seitenzahl.

Seite ______ : ____

____

Seite ______ : ____

____

Seite ______ : ____

____

Wenn Linus Mila trifft, hat er Schmetterlinge – also ein Kribbeln – im Bauch. Notiere drei weitere Redewendungen zum Thema Verliebtsein.

____

____

____

Linus will Mila beeindrucken. Hast du auch schon einmal etwas gemacht, um jemand anderem zu gefallen? Schreibe auf.

____

____

____

____

Name:

Linus und Liam

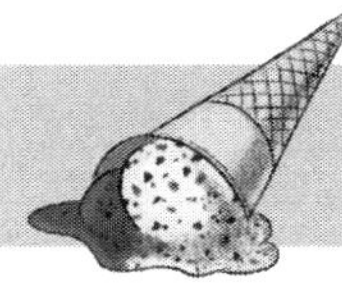

Setze folgende Wörter richtig in die Lücken ein.

Burg Bruder Hunger Mama Pampe
aufpassen Spaghetti Sauerkraut Sandkasten

Als Linus nach der Schule zu Hause ankommt, ist das Mittagessen schon fertig. Aber leider gibt es ______________________.

Das schmeckt ihm gar nicht.

Auch Liam isst nur ein paar Bissen, obwohl er großen ______________________ hat.

Weil Mama wegmuss, soll Linus nach dem Essen auf seinen kleinen Bruder ______________________.

Zuerst schaukelt Liam, aber bald möchte er in den ______________________.

In Gedanken ganz bei Mila baut Linus nur halbherzig eine ______________.

Mit einem Mal hat Liam keine Lust mehr zum Spielen im Sand. Er will, dass Linus ihm ______________________ mit Tomatensoße kocht. Als Linus kurz in den Keller geht, um die Nudeln zu holen, passiert in der Küche ein Unglück: Die Tomatensoße landet auf dem Boden und Liam steht mitten in der roten ______________.

So ein Pech – genau in diesem Moment kommt auch noch ______________ nach Hause! Zum Glück schimpft sie nicht, sondern freut sich, dass Linus seinem Bruder etwas kochen wollte.

Tja, es ist wirklich schön, einen ______________________ zu haben, oder?

Name:

Linus und Liam

Oje! Mama hat etwas gekocht, das Linus nicht mag. Und dann erteilt sie ihm auch noch einen Auftrag …

Setze passende Wörter aus dem 6. Kapitel in die Lücken ein.

Als Linus nach der Schule zu Hause ankommt, ist das Mittagessen schon fertig. Aber leider gibt es ____________________.

Das schmeckt ihm gar nicht.

Auch Liam isst nur ein paar Bissen, obwohl er großen ____________________ hat.

Weil Mama wegmuss, soll Linus nach dem ______________ auf seinen kleinen Bruder ____________________.

Zuerst schaukelt Liam, aber bald möchte er in den ____________________.

In Gedanken ganz bei Mila baut Linus nur halbherzig eine ______________.

Mit einem Mal hat Liam keine Lust mehr zum Spielen im Sand. Er will, dass Linus ihm ____________________ mit Tomatensoße kocht. Als Linus kurz in den Keller geht, um die Nudeln zu holen, passiert in der Küche ein Unglück: Die Tomatensoße landet auf dem Boden und Liam steht mitten in der roten ______________.

So ein Pech – genau in diesem Moment kommt auch noch ______________ nach Hause! Zum Glück schimpft sie nicht, sondern freut sich, dass Linus seinem Bruder etwas ____________________ wollte.

Tja, es ist wirklich schön, einen ____________________ zu haben, oder?

Name:

Aufgaben in der Familie

Weil seine Mutter noch etwas zu erledigen hat, muss Linus am Nachmittag auf seinen kleinen Bruder Liam aufpassen. Darauf hat er keine Lust.

Welche Aufgaben hast du in deiner Familie? Male an und ergänze. Tausche dich dann mit einem Partner darüber aus.

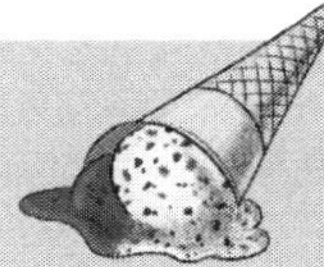

Gibt es auch für dich Aufgaben, die du nur sehr ungern erledigen möchtest? Notiere und begründe. Diskutiert darüber in der Klasse.

Warum ist eine Verteilung der Aufgaben innerhalb der Familie sinnvoll? Sprich darüber mit einem Partner oder in der Gruppe.

Name:

Mehr als bloß Glück

Schreibe die gesuchten Begriffe aus dem 7. Kapitel mit Großbuchstaben in das Gitter. Trage die Buchstaben aus den grauen Feldern unten in die Kästchen ein. So erhältst du das Lösungswort.

ß = SS

1. Die Klasse baut im Sportunterricht gemeinsam einen … auf.
2. Wie heißt die Sportlehrerin mit Nachnamen?
3. Ein Mitschüler hilft nicht. Wer?
4. Wie viele Extrarunden muss er kurz darauf in der Halle laufen?
5. Linus freut sich nicht nur über Milas weiche Hand, sondern auch über ihr …
6. Wie viele Minuten haben die Kinder nach dem Parcours noch Zeit für ein Spiel?
7. Wer verdreht genervt die Augen?
8. Was soll Linus nach dem Foul selbst ausführen?
9. Wer schießt nach Linus' Pass ein Tor?

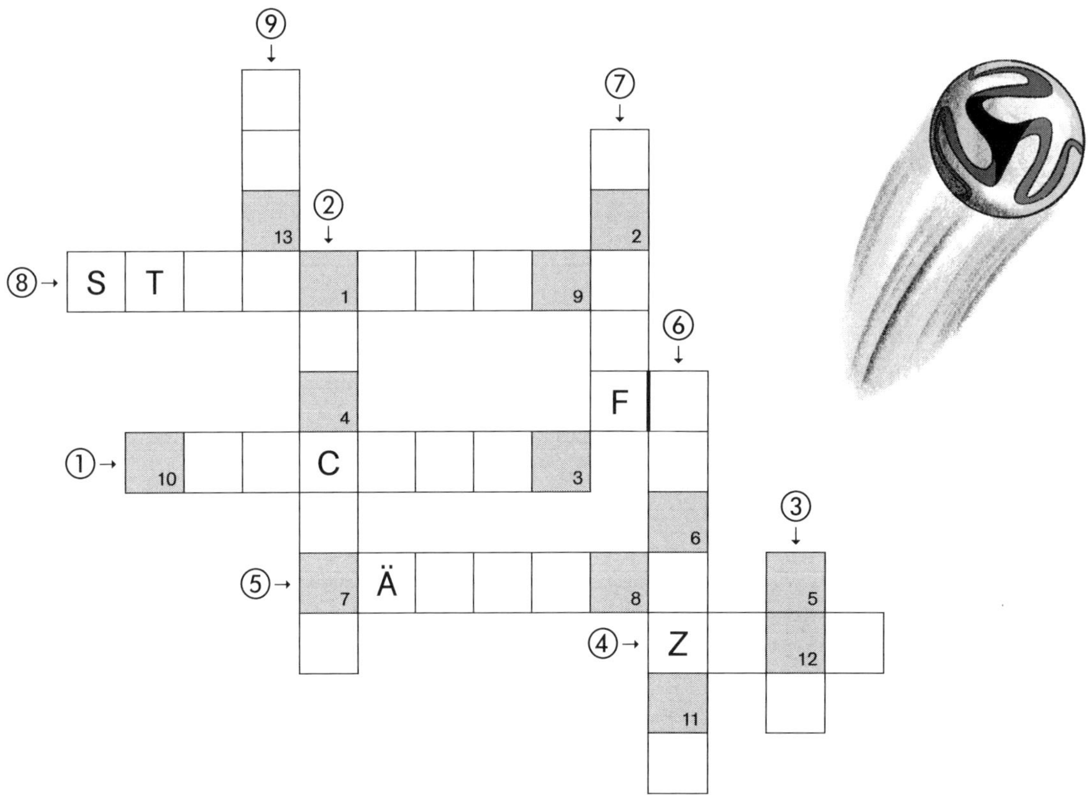

Lösungswort:

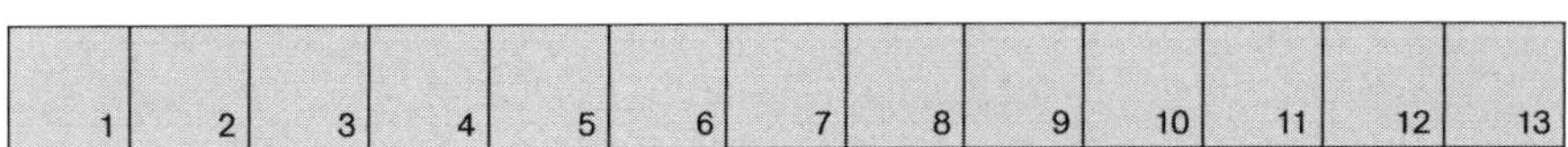

Name:

Mehr als bloß Glück

Schreibe die gesuchten Begriffe aus dem 7. Kapitel mit Großbuchstaben in das Gitter. Trage die Buchstaben aus den grauen Feldern unten in die Kästchen ein. So erhältst du das Lösungswort.

ß = SS

1. Die Klasse baut im Sportunterricht gemeinsam einen … auf.
2. Wie heißt die Sportlehrerin mit Nachnamen?
3. Ein Mitschüler hilft nicht. Wer?
4. Wie viele Extrarunden muss er kurz darauf in der Halle laufen?
5. Linus freut sich nicht nur über Milas weiche Hand, sondern auch über ihr …
6. Wie viele Minuten haben die Kinder nach dem Parcours noch Zeit für ein Spiel?
7. Wer verdreht genervt die Augen?
8. Was soll Linus nach dem Foul selbst ausführen?
9. Wer schießt nach Linus' Pass ein Tor?

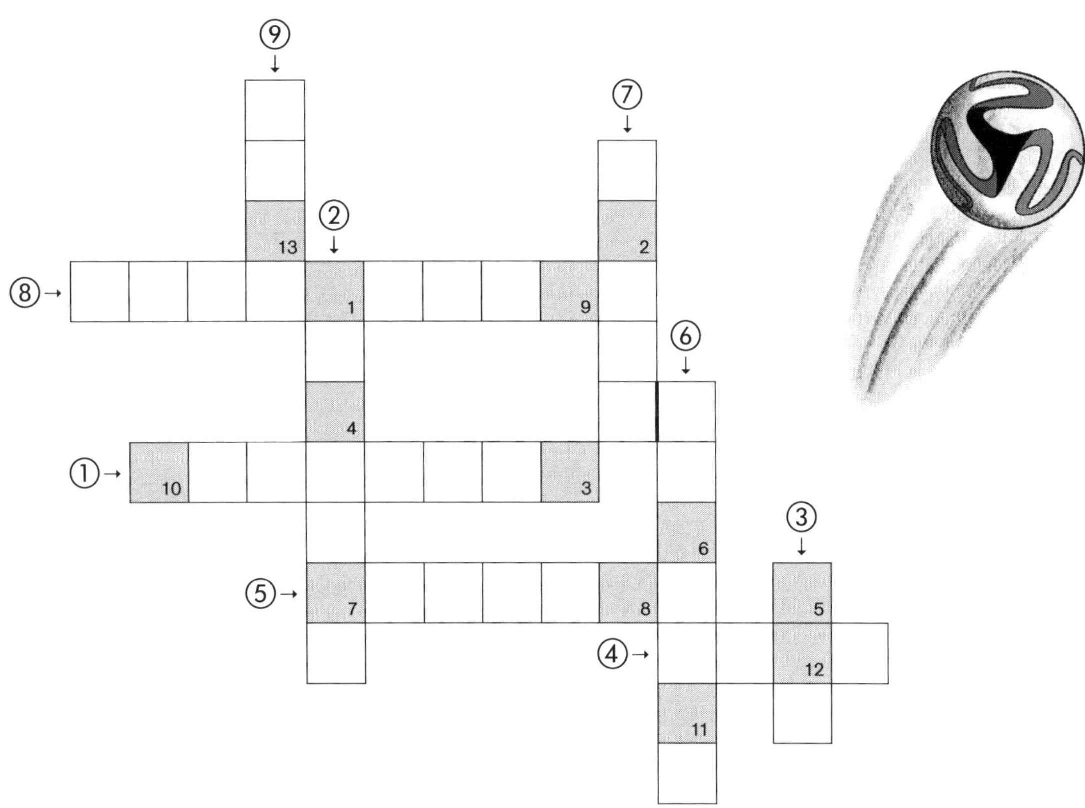

Lösungswort:

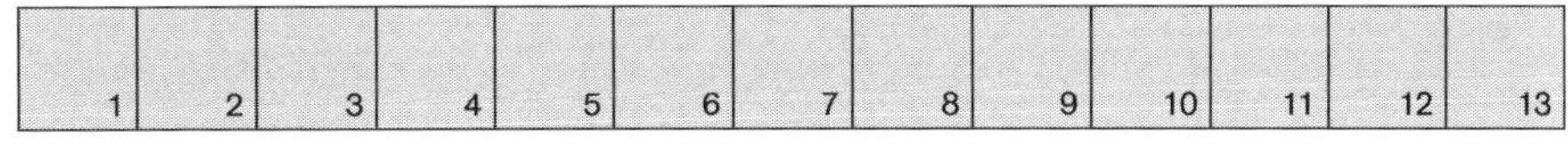

✂

Unsere Spielekartei

Haltet das Feld frei!

Dieses Spiel lässt sich gut in der Turnhalle durchführen.

Wir brauchen:
- zwei Bänke
- pro Spieler einen Ball

So geht's:
1. Zwei Teams stehen sich in zwei Spielfeldern gegenüber, die durch Bänke voneinander getrennt sind. Jeder Spieler hat einen Ball in der Hand.
2. Auf „Los!" wirft jeder Spieler seinen Ball in das gegnerische Feld. Dabei ist es egal, ob jemand abgeworfen wird. Wichtig ist, dass alle Bälle (auch die des Gegners) schnellstens wieder in das andere Feld befördert werden.
3. Bei „Stopp!" darf kein Ball mehr geworfen werden. Der Spielleiter zählt nun in jedem Feld die Bälle. Das Team mit den wenigsten Bällen hat sein Feld am besten frei gehalten und gewinnt diese Runde.

Unsere Spielekartei

____

____

Wir brauchen:

____

____

So geht's:

____

____

____

____

____

Name:

Eine tolle Nummer

Linus besucht im 8. Kapitel gleich zweimal den Zirkus Martinelli.

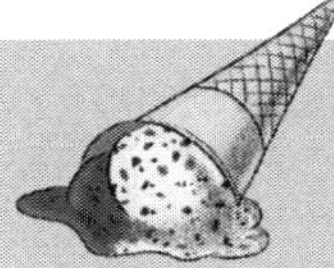

Wahr oder falsch? Überprüfe die Aussagen und kreise hinter jedem Satz den richtigen Buchstaben ein.

	wahr	falsch
1. Mila setzt sich in der Zirkusvorstellung neben Linus. (Seite 55)	D	A
2. Linus freut sich nicht, dass Mila neben ihm sitzt. (Seite 55)	O	N
3. Ein Artist jongliert mit sechs Bällen. (Seite 57)	S	I
4. Linus möchte auch gern jonglieren können. (Seite 58)	K	T
5. Mit seiner Familie geht Linus am Samstag in den Zirkus. (Seite 58)	U	S
6. Linus traut sich, in der Manege Kunststücke vorzuführen. (Seite 60/61)	K	Ä
7. Mila drückt Linus die Daumen. (Seite 61)	C	M
8. Linus wirft dem Clown den Hut vom Kopf. (Seite 63)	B	Ü
9. Die Pyramide aus Blechdosen stürzt scheppernd ein. (Seite 63)	L	D
10. Die Zuschauer sind begeistert und Linus bekommt sogar einen Kuss von Mila. (Seite 63)	G	P

Trage die eingekreisten Buchstaben von unten nach oben in die Kästchen ein. So erhältst du das Lösungswort.

Lösungswort:

10	9	8	7	6	5	4	3	2	1

Name:

Eine tolle Nummer

Linus besucht im 8. Kapitel gleich zweimal den Zirkus Martinelli.

Wahr oder falsch? Überprüfe die Aussagen und kreise hinter jedem Satz den richtigen Buchstaben ein.

	wahr	falsch
1. Mila setzt sich in der Zirkusvorstellung neben Linus.	D	A
2. Linus freut sich nicht, dass Mila neben ihm sitzt.	O	N
3. Ein Artist jongliert mit sechs Bällen.	S	I
4. Linus möchte auch gern jonglieren können.	K	T
5. Mit seiner Familie geht Linus am Samstag in den Zirkus.	U	S
6. Linus traut sich, in der Manege Kunststücke vorzuführen.	K	Ä
7. Mila drückt Linus die Daumen.	C	M
8. Linus wirft dem Clown den Hut vom Kopf.	B	Ü
9. Die Pyramide aus Blechdosen stürzt scheppernd ein.	L	D
10. Die Zuschauer sind begeistert und Linus bekommt sogar einen Kuss von Mila.	G	P

Trage die eingekreisten Buchstaben von unten nach oben in die Kästchen ein. So erhältst du das Lösungswort.

Lösungswort:

10	9	8	7	6	5	4	3	2	1

Name:

Linus' großer Auftritt

Am Ende der Geschichte traut sich Linus, vor Mila und den anderen Zirkusbesuchern etwas vorzuführen. Ganz schön mutig!

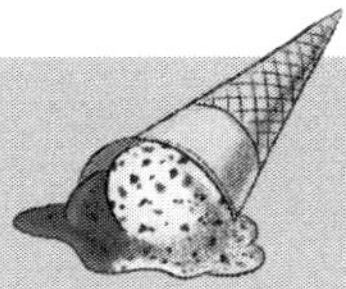

Lest die letzte Szene mit verteilten Rollen. Überlegt euch vorher, wer welche Rolle übernimmt und wie ihr die Geräusche erzeugen könnt.

Rollen: Erzähler, Linus, Papa, Mama, Lena, Liam, Direktor, Clown

Meine Rolle: ______________________

Erzähler	Am Sonntagnachmittag besucht die ganze Familie Leitner den Zirkus. Linus nimmt zwischen Lena und Papa Platz. Lieber würde er wieder neben Mila sitzen, aber das geht heute leider nicht. Er entdeckt sie mit ihren Eltern auf der gegenüberliegenden Seite. Linus winkt ihr heimlich zu. Papa und Lena bemerken es trotzdem.
Papa *(neugierig)*	Wem winkst du denn?
Lena	Ich glaub, ich weiß es.
Papa *(erstaunt)*	So? Na los, sag schon!
Erzähler	Lena schüttelt den Kopf und grinst. Linus ist froh, dass sie schweigt. Nun begrüßt der Direktor das Publikum.
Linus	Passt auf, gleich kommt der Clown mit einer Papiertüte.
Papa	Du sollst nichts verraten!
Erzähler	Doch der Clown kommt diesmal nicht. Auch sonst ist manches anders als beim letzten Mal. Nach ungefähr einer halben Stunde tritt der Direktor wieder in die Manege.
Direktor	Hochverehrtes Publikum, ich hoffe, Ihnen gefällt die Vorstellung. Bevor wir eine Pause machen, bieten wir Ihnen eine einmalige Chance: Wer von Ihnen etwas Besonderes kann und sich traut, darf jetzt in dieser Manege sein Talent beweisen! *(Pause)* Nur Mut! Trauen Sie sich ruhig!
Erzähler	Ich könnte doch …, denkt Linus und spürt sein Herz pochen. Er schielt zu Mila hinüber, schluckt und hebt langsam die Hand.
Lena *(verwundert)*	Warum meldest *du* dich?

Papa	Mach keinen Quatsch!
Direktor *(ruft erfreut)*	Ein Talent! Komm bitte zu mir. – Begrüßen Sie den jungen Herrn mit einem kräftigen Applaus! *(Klatschen)*
Papa	Linus, was hast du denn vor?
Erzähler	Da springt Linus schon über die Umrandung in die Manege. Der Direktor fragt ihn nach seinem Namen und was er vorführen möchte.
Linus	Ich heiße Linus und möchte mit drei Bällen jonglieren und dann auf Dosen werfen.
Liam	Mama, was macht Linus da?
Lena	Das ist ja so peinlich.
Erzähler	Der Clown bringt drei Bälle und fängt an, eine Pyramide aus Blechdosen aufzubauen.
Direktor *(ruft)*	Hochverehrtes Publikum, ich bitte Sie um Ihre Aufmerksamkeit für … Linus! *(Trommelwirbel)*
Erzähler	Der Direktor nickt Linus zu und wartet so gespannt wie das Publikum, was nun kommt. Linus atmet tief durch *(geräuschvolles Atmen)* und schaut zu Mila. Sie hält beide Hände mit gedrückten Daumen nach vorne. Das macht Linus Mut. Er wirft den ersten Ball hoch, dann den zweiten und den dritten. Voll konzentriert schafft er es, alle drei Bälle eine Weile in der Luft zu halten.
Liam *(babbelt)*	Die Bälle fliegen.
Papa *(erstaunt)*	Seit wann kann unser Sohn jonglieren?
Mama	Keine Ahnung.
Erzähler	Mila klatscht als Erste. Schnell folgt ihr das gesamte Publikum. *(Klatschen, vereinzelte Bravo-Rufe)*
Lena *(murmelt)*	Das gibt es nicht.
Erzähler	Linus verbeugt sich wie die großen Artisten. Dann stellt er sich in etwa vier Metern Abstand vor die Blechdosen. *(Trommelwirbel)* Linus holt aus, wirft und trifft eine seitlich stehende Dose. Die fliegt eiernd durch die Luft und landet genau auf dem Bauch des Clowns. Der lässt sich fallen. Einen Moment herrscht atemlose Stille. Dann springt der Clown plötzlich auf.
Clown *(ruft)*	Volltreffer! *(Klatschen)*
Erzähler	Der zweite Ball reißt dem Direktor seinen Zylinderhut vom Kopf. *(Lachen und Klatschen)*
Direktor *(drohend)*	Das machst du nicht noch mal mit dem Hut des Direktors!

Erzähler	Mit dem dritten Ball trifft Linus so gut, dass die Pyramide scheppernd einstürzt. *(Scheppern)* Keine Dose bleibt stehen. Die Zuschauer sind begeistert. *(Klatschen, Bravo-Rufe, Zugabe-Rufe)* Da kommt Mila in die Manege gelaufen und gibt Linus einen Kuss. *(Schmatzen)* Bevor er das richtig begreift, ist sie schon wieder weg.
Mama	Was war denn das?
Liam	Ein Kuss.
Papa *(murmelt)*	Unglaublich.
Direktor *(laut)*	Lieber Linus, ich danke dir für diese tolle Nummer! Du hast uns allen eine große Freude gemacht. Und jetzt darfst du dich wieder setzen.
Erzähler	Während Linus zu seinem Platz geht, hört er den stürmischen Applaus *(Klatschen)* und spürt noch Milas Kuss auf der Wange. Er könnte jubeln vor Freude. Ich bin kein Pechvogel, ich bin ein Glückskind, denkt er.
Linus *(ruft laut)*	Das ist der schönste Tag in meinem Leben!

Lesespiel

✂

START Wie heißt die Geschichte über Linus?	*Linus, der Pechvogel.* Wer sind die beiden Autoren des Buches?
Martin Lenz und Manfred Mai. In welchem Verlag ist das Buch erschienen?	Hase und Igel Verlag. Wie viele Geschwister hat Linus?
Zwei. Wie heißt Linus' kleiner Bruder?	Liam. Was kippt Linus in Lenas Apfelsaft?
Salz. Fährt Linus mit dem Bus in die Schule?	Nein, mit dem Fahrrad. Wie heißt Linus' bester Freund?
Yusuf. Wie heißt Linus' Mathelehrerin?	Frau Minski. Welcher Junge hat es auf Linus abgesehen?
Ben. Welche Sportart betreiben Yusuf und Linus gern?	Fußball. Wie heißt Yusufs neues Videospiel?

✂

Helden der Meere.

Was holt Linus aus dem Brunnen?

Münzen und einen goldenen Ring.

Was kaufen sich Linus und Yusuf von dem Geld?

Eis.

In welches Mädchen ist Linus verliebt?

Mila.

Wie heißt Milas Freundin?

Amelie.

Aus welcher Höhe springt Linus im Freibad ins Wasser?

Drei Meter.

Zum Mittagessen gibt es etwas, das Linus gar nicht mag. Was?

Sauerkraut.

Was möchte Linus Mila schenken?

Den goldenen Ring.

Was soll Linus für seinen kleinen Bruder kochen?

Spaghetti mit Tomatensoße.

Wie reagiert Linus' Mama auf das Küchenchaos?

Sie lacht und schießt ein Foto.

An welchem Gerät turnt Ben ohne Erlaubnis im Sportunterricht?

Ringe.

Wie heißt der Zirkus, den die Kinder besuchen?

Wanderzirkus Martinelli.

Welchen Nachnamen hat Linus?

Leitner.

Mit wie vielen Bällen kann Linus jonglieren?

Mit drei Bällen.

ENDE

Name:

Pechvogel oder Glückskind?

F C

1. Es gibt Men-schen, die be - haup-ten, dass ich ein Un-glücks-ra-be sei,

B F C

viel mehr Pech als an-dre ha-be, doch das ist dum-me La-be - rei.

F C

Manch-mal geht et-was da - ne-ben, manch-mal läuft's auch nicht ganz rund,

B F C

den-noch freu ich mich am Le-ben, es gibt im-mer ei-nen Grund.

Refrain

B C B C

Pech - vo - gel o - der Glücks - kind? Mal hat man Pech, manch-mal Glück.

B C B C F

Mal gibt's Res - te vom Ku-chen, ein an-der-mal das al-ler-größ-te Stück.

F C

2. Ich lass die an-dern ein-fach re-den und hör erst gar nicht hin,

B F C

denn die kön-nen ja nicht wis-sen, dass ich oft ein Glücks-pilz bin.

F C

Manch - mal geht et-was da - ne-ben, manch-mal läuft's auch nicht ganz rund,

B F C

den-noch freu ich mich am Le-ben, es gibt im-mer ei-nen Grund.

Refrain

Text und Melodie: Martin Lenz und Manfred Mai